홈빌더 부부 시리즈

갈등을 해결하는 부부

밥 & 잰 호너 공저

홈빌더 부부 시리즈_ 갈등을 해결하는 부부

2016년 2월 19일 초판 발행
2024년 3월 6일 2쇄 발행
지 은 이 **밥,젠 호너**
발 행 처 **순출판사**
감   수 **FamilyLife Korea**
디 자 인 **(주)아이엠크리에이티브컴퍼니**
일러스트 **(주)아이엠크리에이티브컴퍼니**

주   소 서울시 종로구 백석동 1가길 2-8
전   화 02)722-6931~2 팩 스 02)722-6933

인 터 넷 www.familylifekorea.com
등록번호 제 2020-000159호

값 5,000원
ISBN 978-89-389-0309-9

본서의 판권은 순출판사에 있습니다. 무단 전재 및 복제를 금합니다.
책 내용과 관련된 문의는 FamilyLife (02-397-6385)으로 문의 바랍니다.

Originally published in the USA
By FamilyLife Publishing®, Under the Title
Homebuilders Couples Series®: The Art of Marriage® Connect / Mastering Money in your marriage
Copyright © 2014 By Dennis and Barbara Rainey
FamilyLife® is a ministry of Campus Crusade for Christ

여호와께서 집을 세우지 아니하시면 세우는 자의 수고가 헛되며
여호와께서 성을 지키지 아니하시면 파수꾼의 깨어있음이 헛되도다

시편 127:1

초대의 글

'홈빌더 부부 시리즈'에 여러분을 초대합니다.

잠언에 "마른 빵 한 조각을 먹으며 화목하게 지내는 것이, 진수성찬을 가득히 차린 집에서 다투며 사는 것보다 낫다"는 말씀이 있습니다. 그래서 어떤 이는 행복한 가정은 미리 누리는 천국이라고까지 말하기도 했습니다(R. Browning). 뒤집어 말하면 행복하지 않은 가정은 천국의 반대요, 행복의 반대요, 화목의 반대를 경험하는 것이 되고 맙니다. 세상의 많은 일은 우리의 뜻대로 되지 않을 수 있습니다. 그러나 그와는 달리 가정만큼은 부부에게 화목하고 행복한 천국으로 만들어 나갈 수 있는 특권과 권한이 주어져 있습니다. 그런데 불행하게도 많은 가정이 그것을 누리지 못하고 있습니다.

그에 대한 간단한 이유 중 하나는 훈련을 받지 못했기 때문입니다. 사실 어떻게 대화하는지, 어떻게 경제적인 이슈를 다루어야 하는지, 어떻게 갈등을 해결해야 하는지, 어떻게 서로 동행하는지 등의 교육은 어디에서도 시켜주지 않습니다. 그렇다고 대부분의 경우 좋은 모델을 보고 자란 것도 아닙니다. 그러다 보니 가장 행복해야 할 가정이 갈등의 온상이 되는 경우가 왕왕 있게 되는 것입니다.

물론 시편 기자가 말하고 있듯 하나님께서 집을 세우지 아니하시면 세우는 자의 수고가 헛됩니다.(시 127:1) 모든 것이 하나님의 주권 하에 있다는 데에는 가정도 예외가 될 수 없습니다. 분명한 것은 인간을 위한 하나님의 최초의 축복이 가정이며, 하나님께서는 현대인들의 깨지고 지친 가정을 회복하기를 원하실 뿐 아니라 이전보다 더 멋진 가정으로 만들기를 바라신다는 것입니다.

하나님께서 이루고자 하는 행복한 가정을 세워가는 원리를 담고 있는 '홈빌더 부부 시리즈'에 여러분 모두를 초대합니다. 이 시리즈는 미국 Family Life에서 다년간 많은 가정을 일으켜 세운 훌륭한 교재입니다. 모든 부부가 공통적으로 가진 문제들을 함께 나누며 여러분의 가정을 멋지게 세워가기를 소원합니다. 또한 자신의 가정뿐 아니라 다른 가정들도 함께 세워가기를 축복합니다. "Come and help change all the families in the world!"

CCC 대표 박성민

Homebuilders

'홈빌더 부부 시리즈'를 사용하는 분들께

부부는 서로 기쁨을 주고받는 대상이지 견뎌야 할 대상은 아닙니다. 남자와 여자 두 사람이 만나 서로 열정적으로 헌신하고 이해하며 은혜로 사랑하는 활기찬 관계가 바로 부부입니다. 하나님은 남편과 아내 사이가 사랑으로 견고해지기를 열망하십니다. 그래서 하나님은 그런 부부의 모습을 통해 교회를 향한 그리스도의 사랑이 얼마나 크고 깊은지를 보여주기도 하십니다(에베소서 5:25-33).

여러분은 어떤가요? 하나님이 원하시는 모습 그대로 사랑하는 부부인가요?

사람들은 시간이 흐르면서 서로 멀어져가고 관계가 소원해지기도 합니다. 부부관계 역시 마찬가지입니다. 하지만 그것은 서로의 관계를 잘 가꾸고 다듬지 않았을 때의 일입니다. 우리의 선택에 따라 무미건조한 부부 사이가 되지 않을 수 있습니다. 이것을 위해 부부간에는 더 많은 관심이 필요한 것인지도 모르겠습니다.

바로 그 관심이 이 '홈빌더 부부 시리즈'를 기획하게 된 목적입니다. 우리는 부부가 서로의 필요와 욕구를 어떻게 관심을 갖고 돌아볼 수 있는지 그 방법을 제공하려고 합니다. 하나님은 성경을 통해 사랑으로 견고하게 맺어진 부부의 모습을 보여주셨습니다. 이 교재는 그런 성경의 내용에 기초해서 부부들을 위한 소그룹 학습용으로 만들어졌습니다. 하나님의 계획은 남자와 여자가 서로 만족하는 관계가 되도록 함께 성장하고, 그리스도의 사랑으로 서로에게 다가가도록 하는 것이었습니다.

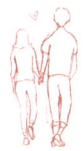

Homebuilders

만일 부부관계에서 이런 하나님의 계획을 무시한다면 지독한 소외감을 느끼게 되거나, 많은 경우에서처럼 더 방치하면 부부의 관계가 깨어질 수도 있습니다.

당신의 부부관계가 어떤 상태에 있는지, 완전한 변화가 필요한지 그저 약간의 도움만 필요한지 모르겠지만, 당신 부부를 향한 하나님의 계획이 어떤 것인지 알아볼 수 있기를 원합니다. 성경이 쓰인 지 2000년이 지났지만 여전히 성경은 부부관계에서 남편과 아내가 넘어야 할 갈등과 도전에 대해 분명하고 힘 있게 말하고 있습니다.

꼭 소그룹에 소속해야 하나요? 우리 부부만 공부하면 안 될까요?

물론 이 교재는 부부 두 사람만 공부해도 가능합니다. 그러나 그렇게 되면 다른 사람의 경험에서 배울 수 있는 교훈과 그룹원들과 연결될 기회를 놓치게 됩니다. 이 교재에 있는 질문들에서 여러분은 자신의 배우자에게 더 가까이 다가갈 수 있도록 도움을 받을 수 있으며, 또한 그 질문들은 함께 공부하는 부부들과 따뜻한 교제를 나눌 환경과 서로의 마음을 열 수 있는 계기를 만들어줄 것입니다.

Homebuilders

홈빌더 그룹 리더에게 필요한 자질은 무엇인가요?

그룹 리더가 되는 것은 생각보다 훨씬 쉽습니다. 왜냐하면 리더는 참가자들이 토론하도록 이끄는 진행도우미의 역할만 하면 되기 때문입니다. 리더는 교재를 가르치는 것이 아니라 참석한 부부들이 성경의 진리를 발견하고 적용하도록 도울 뿐입니다. 특별히 홈빌더 그룹이 역동적인 이유는 서로에게서 배우는 부부들의 상호작용 때문입니다.

홈빌더 리더들을 위해 필요한 정보와 안내는 'cccfamilylife.org/순장가이드'에서 찾을 수 있습니다.

대체적인 일정은 어떻게 이루어지나요?

'홈빌더 부부 시리즈'의 대부분은 6주에서 8주 정도로 구성되어 있으며, 각 권의 안내서에 있는 과의 수에 따라 다릅니다. 각 과를 진행하는 데는 90분 정도가 소요될 것이며, 중간에 부부가 공동으로 해나갈 과제가 있습니다.

Homebuilders

소그룹 모임에서 자기 부부생활에 대해 이야기하는 것은 위험하지 않을까요?

소그룹이라는 환경은 즐겁고도 정보를 얻을 수 있는 자리여야 하며, 당연히 위협적이지 않아야 합니다. 기본 규칙 4가지를 잘 지킨다면 소그룹 모임에서 모든 그룹원들이 편안함을 느끼고 많은 것을 얻을 것입니다.

1. 배우자를 당황하게 할 이야기는 피하십시오.
2. 답하고 싶지 않은 질문에 대해서는 그냥 넘어가도 됩니다.
3. 홈빌더 과제를 부부가 함께 완성하십시오.
4. 모임에서 나눈 이야기는 비밀을 유지하십시오.

Author Introduction

저자(Authors)

밥과 잰 호너 부부는 오랜 세월 가장 가까운 동료였다. 부부로 결혼생활의 동반자로, 세 딸의 부모로, 국제 CCC 전임사역자로, 또 Weekend to Remember® 가정사역 강사로 활동하고 있다. 밥 호너는 웨스트몬트 칼리지와 콜로라도 대학에서 기계 공학을 전공하였고, 1964년 CCC 전임사역자가 되었다. 잰 호너는 콜로라도 주립대학을 졸업한 2년 후, CCC 전임사역자가 되었다. 밥은 〈7가지 약속 실천하기 Applying the Seven Promises〉를 포함한 Promise Keepers의 책 중에서 3권의 공동저자이기도 하다. 밥과 잰 호너는 부부와 가족 문제에 관하여 상당한 시간과 에너지를 투자하고 있다. 그들 세 딸들은 모두 성장하여 콜로라도 주에 살고 있으며, 이제 호너 부부의 가정은 사위들과 손자손녀들을 따뜻하게 맞아주는 곳이 되고 있으며 갈등 해결을 위한 더 많은 기회를 제공하는 장소가 되고 있다.

Contents

'홈빌더 부부 시리즈'를 사용하는 분들께 ········· 06
'갈등을 해결 하는 부부'에 대하여 ············· 12

1과 갈등을 이해하라 ··················· 14
2과 솔직하고 투명하라 ················· 28
3과 경청하라 ························· 42
4과 갈등을 직면하라 ··················· 56
5과 용서하라 ························· 70
6과 축복하라 ························· 84

이제 어떻게 할 것인가? ················· 98
우리의 문제에 대한 하나님의 답변 ········· 100

'갈등을 해결 하는 부부'에 대하여

갈등은 어느 부부나 피해갈 수 없는 공통분모와 같은 것입니다. 어떤 부부에게서나 서로의 차이점으로 인해, 또 기대가 상충하여 마찰을 일으키는 것을 보게 됩니다. 흔히 말하기를 결혼생활의 가장 큰 치명타는 가정 내에서 일어나는 갈등을 다루는 방법의 차이에서 온다고 합니다. 그러나 정작 그러한 갈등이 불러 오는 상처를 성공적으로 다루거나 부부의 불일치를 해소하는 방법 그리고 더 나아가 사랑하는 부부로 나아가게 하는 법을 배우고 훈련받는 경우는 드문 것도 사실입니다.

〈갈등을 해결 하는 부부〉는 자신들의 갈등을 더 나은 의사소통과 서로 간의 이해를 발전시키는 과정으로 만들고 싶은 남편과 아내를 위해 준비되었습니다. 홈빌더 모임에서 자신의 개인적인 갈등을 고스란히 드러내라고 요구하지는 않습니다. 다만, 부부 두 사람은 자신들의 갈등을 조심스럽게 드러내어 나누고 해결하도록 격려 받을 것입니다. 이번 홈빌더 과정을 통해 많은 부부들이 그동안 가슴속에서 억눌러왔거나 의도적으로 감추어왔던 문제들을 표면으로 드러낼 것입니다. 그러므로 당신이 갈등을 해결하는 법을 배우는 과정에서 다른 갈등에 마주친다 하여도 놀라지 마십시오. 당신이 새로

운 차원의 의사소통과 상호이해로 나아갈 것이므로 그러한 위험을 감당할 충분한 가치가 있다고 우리는 믿습니다.

이제 당신이 소매를 걷어붙이고 당신과 이후 세대에게 중요한 영역, 즉 결혼생활의 갈등해결을 위해 나서는 것으로 자신의 결혼생활에 투자할 것을 권유합니다.

– 밥 & 잰 호너

1과
갈등을 이해하라

결혼 생활 가운데 갈등은 불가피 하기 때문에, 우리는 대화와 이해를 통해 갈등의 해소 방법을 알아가야 합니다.

 마음 열기

각 부부가 서로를 소개한 후, 1분간 각자 다음의 질문에 답해보세요.

달라도 괜찮아요!
각 문항들 중 당신과 배우자의 성향이 비슷하면 'S'에, 다르면 'D'에 동그라미를 해 주세요.

음악, 영화, 책, TV프로그램의 취향	S	D
가족배경	S	D
좋아하는 음식	S	D
취미, 특기	S	D
생활습관	S	D

모든 문항에 동그라미를 한 후, 배우자와 비교해보고 다음의 질문을 그룹원들과 함께 나누십시오.

- 당신 부부의 성향 중 비슷한 점은 무엇입니까? 가장 큰 차이점은 무엇입니까?

- 부부들의 성향을 함께 나누십시오. 성향이 비슷한 부부는 누구이며 다른 부부는 누구 입니까?

 청사진

1. 결혼은 전혀 다른 두 사람, 즉 서로 다른 배경, 가치관 그리고 각각의 개성을 지닌 남자와 여자가 만나 하나의 부부를 이루어가는 과정입니다. 이러한 서로의 차이점들이 결혼생활을 더 건강하게 만들 수 있는 방법에는 어떤 것들이 있을까요? 당신 부부는 이런 경험이 있습니까?

갈등을 이해하라

두 사람의 다른 점들이 의견 차이와 스트레스로 이어질 수도 있습니다.

2. 일반적으로 부부들에게 가장 흔한 갈등의 원인은 서로 다른 성격과 기질의 차이입니다. 부부들은 전혀 다른 성향의 배우자를 만나는 경우도 많습니다. 예를 들어 한 사람은 느긋한 성격인데 반해 다른 한 사람은 완벽주의자일 수 있습니다. 또 한 사람은 관계중심인데 반해 다른 배우자는 일 중심일 수도 있습니다. 그리고 한 사람은 외향적인데 반해 다른 배우자는 내향적일 수도 있습니다. 이런 성격과 기질의 차이는 결혼생활에서 어떤 방식으로 갈등을 불러올까요?

3. 부부들을 갈등하게 하는 또 다른 잠재적 원인은 서로 다른 가치관과 철학입니다. 당신 부부에게 갈등을 일으키거나 일으킬 가능성이 있는 서로 다른 관점은 무엇입니까?

_____

_____

4. 부부 사이에는 기본적으로 남성과 여성의 차이점들도 존재합니다.
   - 남성 : 일반적으로 여성의 어떤 점을 이해하기 어렵습니까? 또, 여성들이 남성에 관해 종종 오해하는 부분은 무엇이라고 생각합니까?

   _____

   _____

   - 여성 : 일반적으로 남성의 어떤 점을 이해하기 어렵습니까? 또, 남성들이 여성에 관해 종종 오해하는 부분은 무엇이라고 생각합니까?

   _____

   _____

홈빌더 원리

부부가 서로의 차이점을 이해하고 존중하는 것이
갈등을 해결하는 첫 걸음이다.

갈등의 영향력을 알라

5. 에베소서 4장 26절에서 27절을 읽으십시오.

> "분을 내어도 죄를 짓지 말며 해가 지도록 분을 품지 말고 마귀에게 틈을 주지 말라"
> (에베소서 4:26-27)

- 분노가 죄가 되는 지점은 언제입니까?

- "해가 지도록 분을 품지 말고"라는 말씀의 의미가 무엇이라고 생각합니까? 해결되지 못한 갈등은 관계 가운데 어떤 영향을 미칠까요?

홈빌더 원리

*해결되지 못한 갈등은
건강한 결혼생활에 상처를 남긴다.*

화평을 추구하라

결혼생활에서 갈등을 지속하는 것은 하나님이 원하시는 이상적인 부부의 모습이 아닙니다. 하나님은 우리들이 결혼생활에서 화목과 연합을 경험하기를 원하십니다.

6. 좋은 것이든 나쁜 것이든 당신이 부모님으로부터 배웠던 갈등해결 방식은 무엇입니까?

7. 성경은 화평에 대해 많이 말하고 있습니다. 아래의 성경구절 중 한 부부가 하나 또는 두개를 선택해서 읽고 그 말씀이 화평에 관해 무엇이라고 말하고 있는지 배우자와 나누십시오. 그리고 부부가 이야기한 것을 그룹원들과 함께 나누십시오.

- 시편 34:12-14

"생명을 사모하고 연수를 사랑하여 복 받기를 원하는 사람이 누구뇨 네 혀를 악에서 금하며 네 입술을 거짓말에서 금할지어다 악을 버리고 선을 행하며 화평을 찾아 따를지어다"(시편 34:12-14)

- 이사야서 26:3

"주께서 심지가 견고한 자를 평강하고 평강하도록 지키시리니 이는 그가 주를 신뢰함이니이다" (이사야서 26:3)

- 로마서 12:17-19

"아무에게도 악을 악으로 갚지 말고 모든 사람 앞에서 선한 일을 도모하라. 할 수 있거든 너희로서는 모든 사람과 더불어 화목하라. 내 사랑하는 자들아 너희가 친히 원수를 갚지 말고 하나님의 진노하심에 맡기라 기록되었으되 원수 갚는 것이 내게 있으니 내가 갚으리라고 주께서 말씀하시니라"(로마서 12:17-19)

- 골로새서 3:15

"그리스도의 평강이 너희 마음을 주장하게 하라 너희는 평강을 위하여 한 몸으로 부르심을 받았나니 너희는 또한 감사하는 자가 되라"(골로새서 3:15)

- 히브리서 12:14

"모든 사람과 더불어 화평함과 거룩함을 따르라 이것이 없이는 아무도 주를 보지 못하리라"(히브리서 12:14)

8. 다음의 성경 말씀에 따르면 우리는 하나님의 화평을 어떻게 경험할 수 있습니까?

- 로마서 5:1

"그러므로 우리가 믿음으로 의롭다 하심을 받았으니 우리 주 예수 그리스도로 말미암아 하나님과 화평을 누리자"(로마서 5:1)

- 에베소서 2:14-16

"그는 우리의 화평이신지라 둘로 하나를 만드사 원수 된 것 곧 중간에 막힌 담을 자기 육체로 허시고 법조문으로 된 계명의 율법을 폐하셨으니 이는 이 둘로 자기 안에서 한 새 사람을 지어 화평하게 하시고 또 십자가로 이 둘을 한 몸으로 하나님과 화목하게 하려 하심이라 원수 된 것을 십자가로 소멸하시고"(에베소서 2:14-16)

- 골로새서 1:19-20

"아버지께서는 모든 충만으로 예수 안에 거하게 하시고 그의 십자가의 피로 화평을 이루사 만물 곧 땅에 있는 것들이나 하늘에 있는 것들이 그로 말미암아 자기와 화목하게 되기를 기뻐하심이라"(골로새서 1:19-20)

9. 결혼생활에서 지속적인 화평을 이루려고 할 때 예수님을 따르는 사람들에게는 어떤 유리한 점이 있을까요?

_____

_____

홈빌더 원리

*하나님이 주시는 화평을 추구할 때
배우자와의 화평한 관계가 가능하다.*

부부 데이트

다음 모임 전까지 배우자와 함께 홈빌더 과제를 나누기 위한 데이트 시간을 정하십시오. 이 과제를 통해 깨달은 것이나 경험한 것 한 가지를 다음 시간에 나눌 것입니다.

날짜 　　　　　　　　시간

장소

홈빌더 과제

혼자 하는 과제

다음 질문에 답하십시오.
1. 1과에서 배운 내용 중에서 적용하고 싶은 것 한 가지는 무엇입니까?

2. 당신의 결혼생활에서 생긴 갈등은 대체로 당신에게 어떻게 영향을 줍니까?

3. 당신의 결혼생활에서 갈등을 일으키는 중요한 요인들은 무엇입니까?

4. 당신 부부가 서로의 갈등을 다루는 능력을 평가한다면 몇 점을 주시겠습니까? 다음 점수표에서 적당한 숫자에 표시하세요.

5. 갈등이 당신의 결혼생활에는 어떤 영향을 주고 있습니까? 긍정적입니까? 부정적입니까?

6. 갈등을 해결하는 데 있어서, 당신의 배우자에게 고마운 점은 무엇입니까?

7. 당신이 갈등을 해결하는 방법 가운데 한 가지 바꾸고 싶은 것이 있다면 그것은 무엇입니까?

홈빌더 과제

부부가 함께하는 과제

1. '혼자 하는 과제'에서 했던 7가지 질문에 대한 답을 배우자와 함께 나누십시오. 민감한 부분을 이야기 할 때는 열린 마음으로 부드럽게 상대방의 생각을 배려하십시오.

2. 당신 부부 사이에 현재 해결되지 않고 있는 갈등 한 두 가지와 그것을 어떻게 해결할 수 있을지 나누십시오.

3. 청사진의 7번 질문에 나온 성경말씀을 읽으십시오. 그 말씀 중 당신의 결혼관계가 더욱 화평하기 위해 적용되었으면 하는 것이 있다면 무엇입니까?

4. 하나님께서 이 홈빌더를 통해 당신의 결혼 생활을 견고하게 만들어 주시도록 부부가 함께 기도하십시오.

달력에 '부부 데이트'를 위한 날을 표시해두고 잊지 않도록 하십시오.

2과 솔직하고 투명하라

부부가 갈등을 해결하기 위해서는 배우자와 솔직하고 투명한 대화를 하는 것이 필요합니다.

부부데이트 나눔

1과의 부부 데이트 홈빌더 과제를 하면서 배운 것 중 하나를 나누어 주세요.

 마음 열기

우리 사이에 있는 방해물

인도자는 대화에 방해가 되는 세 가지 종류의 장애물 −투명한 랩, 반투명한 얇은 천이나 책받침, 투명하지 않은 종이나 두꺼운 천−을 부부별로 사용할 수 있도록 준비합니다.

각 부부는 첫 번째 장애물을 두 사람 사이에 가리고 오늘 하루 있었던 일과에 대해 서로 돌아가면서 1분씩 이야기 합니다. 두 번째 세 번째 장애물을 가지고도 같은 방식으로 대화를 합니다. 대화가 끝난 후 아래의 질문을 가지고 서로 나누십시오.

- 배우자와의 사이에 대화를 방해하는 장애물을 두고 대화를 할 때 기분이 어땠습니까?

- 장애물의 종류가 달라질 때 마다 대화하는 것에 어떤 차이가 있었습니까?

- 부부 사이에 솔직한 대화를 가로막는 보이지 않는 장애물들은 어떤 것이 있겠습니까?

 청사진

배우자와의 솔직하고 투명한 대화는 건강한 결혼생활에서 핵심적인 요소입니다. 많은 부부들이 어려운 이야기는 쉽게 하지 않습니다. 부부 사이의 어떤 사실이나 의견 그리고 감정조차도 안전하고 어렵지 않은 수준에서만 표현을 합니다. 솔직하고 투명한 대화는 위험을 동반하기도 하지만 부부를 더 깊은 신뢰와 친밀한 관계로 이끄는 보상을 줍니다.

솔직하고 투명한 대화의 필요성

1. 아주 가까운 사이일지라도 때때로 그 사람에게 자신을 솔직하게 드러내는 것이 어려워지는 이유는 무엇일까요?

2. 대부분의 사람들은 자신의 생각과 감정을 배우자와 자유롭게 나눌 수 있을 것이라는 소망과 기대를 가지고 결혼을 합니다. 당신은 배우자와 자신의 생각과 감정을 충분히 나누고 있습니까? 아니면 더 솔직한 대화의 필요성을 느끼고 있습니까?

솔직하고 투명한 대화를 향한 4단계

1단계: 하나님께 자신을 열라.

시편 139:23-24를 읽으십시오.

> "하나님이여 나를 살피사 내 마음을 아시며 나를 시험하사 내 뜻을 아옵소서. 내게 무슨 악한 행위가 있나 보시고 나를 영원한 길로 인도하소서"(시편 139:23-24)

3. 다윗 왕은 하나님에게 솔직하고 정직했습니다. 당신은 다윗처럼 하나님께 정직하기가 쉽습니까? 아니면 어렵습니까? 그 이유는 무엇입니까?

2단계: 가정에서 사랑, 헌신, 용서의 분위기를 만들라.

골로새서 3:12-14을 읽으십시오.

> "그러므로 너희는 하나님이 택하사 거룩하고 사랑 받는 자처럼 긍휼과 자비와 겸손과 온유와 오래 참음을 옷 입고 누가 누구에게 불만이 있거든 서로 용납하여 피차 용서하되 주께서 너희를 용서하신 것 같이 너희도 그리하고 이 모든 것 위에 사랑을 더하라 이는 온전하게 매는 띠니라"(골로새서 3:12-14)

4. 가정에서 이런 분위기를 만드는 것이 쉽습니까? 어렵습니까? 그 이유는 무엇입니까?

3단계: 배우자가 솔직하게 자신을 드러낼 때 그것을 인정하고 칭찬해 주라

잠언 16:24을 읽으십시오.

> "선한 말은 꿀송이 같아서 마음에 달고 뼈에 양약이 되느니라"(잠언 16:24)

5. 배우자가 당신에게 솔직하고 투명하려고 노력할 때에 그것을 알아주고 칭찬하는 것이 중요한 이유는 무엇일까요?

4단계: 서로 함께 정기적으로 기도하라

골로새서 4:2을 읽으십시오.

> "기도를 계속하고 기도에 감사함으로 깨어 있으라"(골로새서 4:2)

6. 부부가 함께 하는 정직한 기도가 어떤 면에서 배우자와의 솔직하고 친밀한 관계를 촉진시키는 역할을 할까요? 당신 부부의 경험이 있다면 함께 나누십시오.

홈빌더 원리

사랑 헌신 그리고 용서의 분위기는
다른 사람에게 솔직할 수 있도록 돕는다.

솔직함을 가로 막는 것들

사례 연구

> 혜지는 시어머니와 갈등을 겪고 있다. 혜지는 남편인 민수와 그 문제를 이야기 해보기로 다짐 했다.
>
> "여보 난 어머니가 나를 대하는 태도가 너무 힘들어. 결혼 한지 7년이나 지났는데도 나를 아직도 아무 것도 모르는 사람처럼 취급하신단 말이야. 오실 때마다 부엌일에 간섭하시고 내가 하는 일마다 못 마땅해 하셔"
>
> 남편인 민수가 말을 끊고 이렇게 대답한다.
>
> "그렇게 과잉 반응 하지 마! 별일 아닌 것을 가지고 그래! 엄마는 원래 그러신 분이데 뭘"

7. 민수는 아내 혜지가 자신에게 솔직한 마음을 이야기 하고자 하는 노력을 어떻게 가로 막 았습니까?

   ....

   ....

8. 민수가 아내 혜지의 솔직한 마음의 표현을 격려하려고 했다면 어떻게 반응을 하는 것이 좋았을까요?

   ....

   ....

9. 다음의 성경구절 중 한 부부가 하나 또는 두 개를 선택해서 읽고, 그 말씀이 솔직하고 투명한 대화에 관해 무엇이라고 말하고 있는지 배우자와 나누십시오. 그리고 부부가 이야기한 것을 그룹원들과 함께 나누십시오.

   ● 잠언 12:18

   > "칼로 찌름 같이 함부로 말하는 자가 있거니와 지혜로운 자의 혀는 양약과 같으니라"
   > (잠언 12:18)

   ....

   ....

● 잠언 13:3

"입을 지키는 자는 자기의 생명을 보전하나 입술을 크게 벌리는 자에게는 멸망이 오느니라"
(잠언 13:3)

● 잠언 15:23

"사람은 그 입의 대답으로 말미암아 기쁨을 얻나니 때에 맞는 말이 얼마나 아름다운고"
(잠언 15:23)

● 잠언 25:11

"경우에 합당한 말은 아로새긴 은 쟁반에 금 사과니라"(잠언 25:11)

- 야고보서 3:5

"이와 같이 혀도 작은 지체로되 큰 것을 자랑하도다 보라 얼마나 작은 불이 얼마나 많은 나무를 태우는가"(야고보서 3:5)

_____

_____

홈빌더 원리

부부가 결혼생활에서 서로에 대해 솔직하고 투명해 지기를 원한다면 혀의 능력을 지혜롭게 사용해야 한다.

부부 데이트

다음 모임 전까지 배우자와 함께 홈빌더 과제를 나누기 위한 데이트 시간을 정하십시오. 이 과제를 통해 깨달은 것이나 경험한 것 한 가지를 다음 시간에 나눌 것입니다.

날짜　　　　　　　　　**시간**
_____

장소
_____

홈빌더 과제

혼자 하는 과제

다음 질문에 답하십시오.
1. 보다 솔직한 대화를 위해 당신이 노력해야 할 부분은 무엇입니까?

2. 배우자가 보여 준 사랑과 이해로 인해 더 솔직해진 경험이 있습니까? 구체적인 사례를 생각해 보십시오.

3. 최근에 배우자의 비난이나 충고 때문에 솔직하고 투명하려고 했던 당신의 노력이 방해 받은 경험이 있습니까?

4. 당신이 배우자와 더 솔직하고 투명한 대화를 할 때 결혼생활에서 개선되리라고 기대하는 것은 무엇입니까?

5. 당신의 가정에서 더 솔직하고 투명한 대화의 분위기를 만들 수 있는 방법에는 어떤 것이 있을까요?

홈빌더 과제

부부가 함께하는 과제

당신은 당신의 배우자에 대해 얼마나 잘 알고 계십니까? 다음 문장을 완성하고, 배우자와 함께 나누십시오.

- 배우자가 좋아하는 색깔은?
- 배우자가 좋아하는 TV 프로그램은?
- 배우자가 좋아하는 영화 장르는?
- 배우자가 좋아하는 음식은?
- 배우자가 휴가 때 가장 가고 싶어 하는 곳은?
- 배우자가 좋아하는 노래는?
- 배우자가 좋아하는 계절은?
- 배우자가 좋아하는 나만의 공간은?
- 배우자가 좋아하는 취미활동은?
- 배우자와 친한 친구의 이름은?
- 배우자가 최근에 갖고 싶어 하는 것은?

1. 당신의 배우자가 당신에 대해 더 잘 알 수 있도록 당신은 어떻게 도울 수 있습니까?

2. "혼자 하는 과제"에서 했던 답을 배우자와 서로 나누십시오.

3. 앞으로 부부가 서로에 대해 더 민감하고 사랑으로 이해하는 솔직한 대화를 할 수 있도록 함께 기도하십시오.

달력에 '부부 데이트'를 위한 날을 표시해두고 잊지 않도록 하십시오.

3과 경청하라

갈등해결을 위해서는 잘 듣겠다는 마음이 필요합니다.

부부데이트 나눔

2과의 부부데이트 홈빌더 과제를 하면서 배운 것 중 하나를 나누어 주세요.

 마음 열기

등을 마주하기

〈연습1〉
당신의 배우자가 당신을 위해 마트에서 사다 주었으면 하는 물건 여섯 가지를 구체적으로 적어 보십시오. 예를 들면 '우유'보다는 '저지방 우유 1리터짜리 한 통'이라고 적으십시오.

배우자가 나를 위해 사다 주기 원하는 물건

1.	2.
3.	4.
5.	6.

다 기록한 다음에는 부부가 서로 등을 마주대고 서서 한 사람씩 자신이 기록한 목록을 읽으십시오. 다 읽고 난 후 자리에 앉아서 배우자가 나에게 사다 주기를 기대한다고 했던 물건 여섯 가지를 적어 보십시오.

배우자가 나에게 사다 주기를 기대하는 물건

1.	2.
3.	4.
5.	6.

다 기록한 다음 배우자가 읽어 준 목록을 얼마나 정확하게 적었는지 확인해 보십시오. 여섯 가지 모두를 맞춘 사람이 있나요?

〈연습2〉

다시 한 번 배우자가 나를 위해 사다 주기 원하는 물건(첫 번째 목록과는 다른 것들) 여섯 가지를 적으십시오.

배우자가 나를 위해 사다 주기 원하는 물건

1.	2.
3.	4.
5.	6.

다 기록한 후 이번에는 배우자와 얼굴을 마주보고 그 목록을 서로 읽어 주십시오. 필요하다면 배우자가 목록을 읽을 때 확인 질문을 하거나 다시 읽어달라고 요청할 수 있습니다. 다 읽고 난 후 서로 돌아앉아서 배우자가 당신에게 사다 주기를 기대하는 물건 여섯 가지를 기록하십시오.

배우자가 나에게 사다 주기를 기대하는 물건

1.	2.
3.	4.
5.	6.

다 기록하고 난 후 다음 질문을 가지고 나누십시오.

- 〈연습1〉과 〈연습2〉 사이에 기록의 정확도가 얼마나 차이가 있었습니까?

- 그런 차이가 나게 된 이유는 무엇일까요?

　

- 그냥 들리는 소리를 듣는 것과 귀 기울여 경청하는 것의 차이에 관해 무엇을 배웠습니까?

 청사진

이번 시간에는 경청에 관해 이야기할 것입니다. 우리가 서로의 이야기에 진심으로 귀를 기울이지 않는다면, 서로를 이해할 수가 없을 것입니다. 그리고 이해하지 못하고는 갈등을 해결하는 것이 불가능 합니다. 그러므로 의사소통과 갈등해결을 위해서는 먼저 잘 들을 줄 아는 사람이 되어야 합니다.

잘못된 듣기의 결과들

〈사례 연구 : 건성으로 듣는 습관이 갈등을 부채질한다.〉

다음의 사례연구를 읽으십시오. 세 사람을 선정하여 해설자, 은지, 민수의 역할을 하게 합니다. 다 읽고 난 후 아래의 질문을 나누십시오.

해 설 자 : 민수와 혜지 부부는 둘 다 길고 힘든 한 주간을 보냈습니다. 두 사람 모두 주말의 여유를 즐길 수 있다는 기대 때문에 금요일 저녁을 제일 좋아합니다. 특히 민수는 금요일 저녁 식사 후 간식과 함께 프로야구 중계를 보는 시간이 너무 즐겁습니다. 혜지도 가끔 야구를 보기 때문에 민수와 함께 거실에 앉았습니다. 하루를 보내고 한 잔의 커피를 즐기며 두 사람이 기분 좋은 저녁을 보내게 되겠지요! 하지만 정말 그럴까요?

혜   지 : 우리 옆집 사람은 왜 맨날 그렇게 현관 앞에 물건을 내 놓는지 모르겠어. 지나 다닐 때 마다 불편해! 당신은 그렇게 생각 안 해?

민   수 : 난 모르겠는데.

혜   지 : 언제 기회가 되면 한 번 이야기를 해야 할 것 같아. 어떻게 이야기하면 좋을까?

민   수 : 으음.

혜   지 : 당신이 옆집 사람 함께 만났으면 좋겠는데!

민   수 : 흐음.

혜   지 : 여보, 어제 어머님이 전화하셨어. 올해 아버님 생신 선물은 TV로 하면 어떠냐고 하셔. 안방에 두시겠다나봐. 안방에까지 무슨 TV가 필요하신지 몰라!

민   수 : 어떤 종류를 원하신대?

혜   지 : 당신이나 아버님이나 똑같은 것 같아. 아마 안방에 TV가 있으면 절대 밖으로 안 나올걸.

민　수 : 아까 사 가지고 온 사과 좀 깍아줄래!

혜　지 : (약간 열이 받아서) 자기가 깍아 먹어!

민　수 : 잠깐이면 되잖아! 이거 봐야 한단 말야. 사과나 빨리 좀 가져 와!

혜　지 : (비꼬는 투로) 그거 잠깐 못 본다고 큰일 나? 당신은 지금 내 말은 귓등으로 흘려듣고 있잖아?

민　수 : (감정을 실어서) 난 지금 야구 보고 있잖아. 그런 이야기는 나중에 해도 되는거 아니야? 정말 TV가지고 안방으로 들어가고 싶네!

혜　지 : (비꼬며) 좋아! TV가지고 안방으로 들어 가! 내가 아예 사과 깍아서 안방으로 가져다 올려줄까?

1. 민수와 혜지의 경청하는 태도는 어떻습니까?

2. 민수와 혜지의 입장이 되어서 생각해 보십시오.
   - 당신이 민수라면 어떻게 아내의 말을 더 잘 들으면서도 경기를 즐길 수 있을까요?

● 당신이 혜지라면 어떻게 남편이 당신의 이야기에 더 귀 기울이게 할 수 있을까요?

3. 잠언 15장 1절을 읽으십시오. 이 말씀은 민수와 혜지에게 어떤 조언을 하고 있습니까? 당신은 이 말씀을 어떻게 적용하겠습니까?

> "유순한 대답은 분노를 쉽게 하여도 과격한 말은 노를 격동하느니라"(잠언 15:1)

4. 최근에 경청하지 못해서 부부 사이가 나빠진 경험이 있습니까? 경청하지 못한 것이 어떻게 갈등으로 진행되었습니까?

경청하는 것은 갈등을 해소하는 데 도움을 준다.

5. 야고보서 1장 19절을 읽으십시오. 부부가 갈등을 겪을 때 이 말씀을 계속 적용한다면 어떻게 될까요? 최근에 부부 관계에 이 말씀을 적용한 경험이 있다면 나누어 주십시오.

"내 사랑하는 형제들아 너희가 알지니 사람마다 듣기는 속히 하고 말하기는 더디 하며 성내기도 더디 하라"(야고보서 1:19)

홈빌더 원리

잘 경청하는 사람이 된다면 많은 갈등을 예방할 수 있고,

갈등을 겪고 있는 다른 사람도 관계가 더 심각해지기 전에 도울 수 있다.

잘 경청하는 사람이 되라

6. 잘 경청하는 사람이 되기 위해서는 배우려는 자세가 있어야 합니다. 다음의 말씀을 읽으십시오.

- 잠언 1:5

"지혜 있는 자는 듣고 학식이 더할 것이요 명철한 자는 지략을 얻을 것이라"(잠언 1:5)

- 누가복음 11:28

> "예수께서 이르시되 오히려 하나님의 말씀을 듣고 지키는 자가 복이 있느니라 하시니라"
> (누가복음 11:28)

하나님의 말씀을 잘 듣고 지키는 것이 어떻게 배우자의 말을 잘 경청하는데 도움이 되겠습니까?

_____

_____

7. 잘 경청하는 사람이 되기 위한 또 다른 열쇠는 배우자에게 관심을 집중하는 것입니다. 여기에는 다음과 같은 여러 요소가 있습니다.
   - 적절한 장소와 시간을 택한다.
   - 정신을 빼앗길 것이 없는지 확인한다.
   - 눈을 마주보며 이야기 한다.
   - 갈등을 해결할 충분한 시간을 가진다.

배우자와 중요한 문제에 관해 이야기 하거나 갈등을 해결하기 위해 당신이 좋다고 생각하는 장소는 어디며 시간은 언제입니까? 반대로 부적절한 장소와 시간에 대해서도 생각해 보십시오.

_____

_____

8. 잘 듣는 사람이 되려면 그 사람이 하고 있는 말 그 이상의 것이 요구됩니다. 당신의 목표는 당신의 배우자가 무슨 생각을 하는지, 무엇을 원하는지, 그리고 어떤 느낌을 가지고 있는지를 진심으로 이해하는 것이 되어야 합니다. 배우자가 무엇을 말하려고 하는지 잘 이해하기 위해서 당신이 더 배워야 할 것은 무엇입니까?

_____

_____

9. 부부 중 한 사람이 하나님의 말씀을 듣는 시간이 있었기 때문에 부부가 갈등을 더 깊이 이해하고 해결의 실마리를 찾았던 경험이 있습니까? 그것에 대해 배우자와 이야기 하십시오. 그리고 두 사람이 모두 괜찮다면 그룹원들과도 나누십시오.

_____

_____

부부 데이트

다음 모임 전까지 배우자와 함께 홈빌더 과제를 나누기 위한 데이트 시간을 정하십시오. 이 과제를 통해 깨달은 것이나 경험한 것 한 가지를 다음 시간에 나눌 것입니다.

날짜 _____ 시간 _____

장소 _____

홈빌더 과제

혼자 하는 과제

1. 자신의 경청하는 실력을 평가해보세요. 아래 7개의 질문에서 가장 당신을 정확하게 대변한다고 생각하는 답에 동그라미 하세요.

1) 배우자가 당신에게 무슨 말을 할 때 딴 생각으로 빠지곤 한다.	그렇다	아니다	가끔
2) 배우자의 말을 들을 때 말하고 있는 사실 그 이면에 있는 것을 생각하거나, 그 사람이 어떤 느낌이나 감정을 가지고 있는지 알려고 노력한다.	그렇다	아니다	가끔
3) 배우자가 말을 할 때 당신이 객관적인 태도로 듣지 못하게 만드는 어떤 부분이 있다.	그렇다	아니다	가끔
4) 배우자가 하는 말 때문에 당황스럽거나 마음이 불편할 때에는 가능하면 빨리 그것에 대해 묻고 오해를 해소하려고 노력한다.	그렇다	아니다	가끔
5) 어떤 일을 이해하는 것이 시간과 노력이 너무 많이 든다고 느낄 때, 그 문제를 회피하려고 한다.	그렇다	아니다	가끔
6) 배우자가 이야기를 할 때, 건성으로 듣고 있으면서도 집중하는 척 한다.	그렇다	아니다	가끔
7) 배우자의 이야기를 들을 때 외부의 환경이나 소리에 (TV, 지나가는 사람의 이야기, 음악 등) 쉽게 정신을 빼앗긴다.	그렇다	아니다	가끔

2. 더 잘 경청하는 사람이 되기 위해 당신이 할 수 있는 실제적인 방법은 어떤 것들이 있습니까?

3. 배우자가 집중해서 당신의 이야기를 듣고 있다는 것을 무엇으로 알 수 있습니까? 그리고 배우자의 그런 자세가 당신 부부의 관계를 강화하는 데에 어떤 효과가 있습니까?

홈빌더 과제

부부가 함께하는 과제

다음 질문을 함께 나누십시오.

1. 자신이 얼마나 잘 듣는 사람인지 스스로에 대한 평가를 배우자에게 이야기 하십시오.

2. 듣는 일에 있어서 자신의 장점과 단점이 무엇인지에 관해 서로 이야기 하십시오.

3. 현재 갈등하고 있는 문제 중(자녀, 재정, 시부모나 처가와의 갈등, 생활 일정, 가족 행사 등) 한 가지를 선택하고 이야기를 나누십시오. 각자 5분간 그 문제에 대한 자신의 입장을 이야기 하는 동안, 상대방은 중간에 끼어들지 않고 그 말을 끝까지 듣습니다.

두 사람이 모두 자신의 관점을 이야기 한 후에 다음과 같은 문장을 사용하여 자신이 들은 대로 상대방의 말을 설명해 보십시오.

- "나는 당신이 하는 말을 이렇게 이해했어. 당신은 ..."
- "당신이 하는 말은 이런 뜻이지? ...."
- "당신이 이런 뜻으로 한 말인지 잘 모르겠는데, 나는 이렇게 들었어 ..."

내가 상대방의 뜻을 오해한 부분이 있다면 그것을 바로 잡도록 남편이나 아내에게 기회를 허락하세요. 갈등을 해소하려고 노력할 필요는 없습니다. 다만 서로에게 듣는 귀가 되어주세요.

4. 제대로 듣고자 하는 이런 훈련이 당신에게 어떤 도움이 되었습니까?

5. 서로가 더 잘 경청하는 사람이 될 수 있도록 하나님께 기도드리고 데이트를 마치십시오.

달력에 '부부 데이트'를 위한 날을 표시해두고 잊지 않도록 하십시오.

4과
갈등을 직면하라

사랑으로 갈등을 직면하는 것은 참된 사랑을 실천할 수 있는 방법이 되어 관계가 성장하도록 도와줍니다.

부부데이트 나눔

3과의 부부데이트 홈빌더 과제를 하면서 배운 것 중 하나를 나누어 주세요.

 마음 열기

당신이라면 어떻게 하겠습니까?
부부가 짝이 되어 다음 시나리오 중의 두 개를 골라 각각의 상황에서 자신이 어떻게 행동할 것 같은지 배우자와 함께 나누십시오.

- 슈퍼마켓에서 누군가 물건을 훔치는 장면을 목격했다.
- 동료 직원이 계속해서 회사의 사무용품을 집으로 가져간다는 사실을 알게 되었다.
- 시부모님이 자꾸만 예고도 없이 들이닥친다.
- 학교에서 학부모 면담을 하다가 우리 아이가 그동안 숙제를 잘 해가지 않았다는 것을 알게 되었다.
- 배우자가 귀가하는 시간을 약속해놓고 1시간이나 늦게 도착했다.

부부가 선택한 상황을 배우자와 함께 나눈 뒤 그것을 그룹원들과도 나누십시오.
모든 나눔을 마친 후에 다음의 질문에 답하십시오.

- 결혼생활에서 배우자와 부딪히는 것은 다른 가족이나 직장동료 또는 이웃 사람들과 부딪히는 것과 어떻게 다릅니까?

 **청사진**

갈등은 두 사람 사이에 억울함이나 분노가 더 쌓이게 할 수 도 있고, 오히려 서로를 더 깊이 이해하게 만들 수도 있습니다. 대부분의 부부들이 갈등을 제대로 다루지 못하는 것은 더 건강한 관계를 만들기 위해 함께 노력하는 효과적인 방법을 잘 모르기 때문입니다.

갈등을 다루라

사람들은 흔히 다음과 같은 방법으로 갈등을 다루고 있습니다.

〈이기기 위해 싸운다〉
"내가 이겼어. 당신은 졌고. 왜냐하면 내가 옳고 당신이 틀렸기 때문이야!"라는 입장입니다. 이것은 군림하려는 태도이며 관계보다는 승부가 더욱 중요하다고 보는 것입니다.

〈회피한다〉
"나는 이런 상황이 불편해. 그러니까 그냥 아무 말도 하기 싫어!"라는 입장입니다. 이와 같은 태도는 갈등의 불편을 회피하느라 관계를 희생합니다.

〈양보한다〉
"또 다시 말씨름을 시작하느니 차라리 당신이 편한 대로 해 줄게!"라는 입장입니다. 싸움을 시작하는 것보다는 다른 사람의 요구에 내 행동을 맞춰주는 착한 사람이 되고 맙니다. 이것은 상대방과 부딪치는 것 보다는 지금 당장의 관계가 안전한 것을 더 중요하게 생각하는 태도입니다.

〈사랑으로 갈등을 직면 한다〉
"나는 우리의 관계가 성장하는 것이 중요하기 때문에 이 문제를 있는 그대로 다루기를 원해!"라는 입장입니다. 이런 태도는 이기고 지는 것, 불편한 감정, 관계의 안전감보다 관계의 성장이 훨씬 더 중요하다고 생각하는 것 입니다. 이것은 갈등을 다루는 데 있어서 최소한의 위험과 스트레스를 감수하면서 최상의 해결책을 찾을 수 있는 방법입니다.

1. 당신이 갈등을 다루는 일반적인 방식은 어떻습니까?
- 직장에서

- 친구들과

- 가족들과

- 배우자와

2. 갈등을 다루는 당신의 방식이 배우자에게는 어떤 영향을 미치고 있습니까?

_____
_____

갈등에 관한 성경의 예

성경에는 갈등을 겪는 사람들의 생생한 이야기가 많이 있습니다. 다음 성경 말씀을 읽고, 각각의 예에서 보여주고 있는 갈등을 다루는 방식을 찾아보십시오.

3. 창세기 16장 1절에서 3절을 읽으십시오. 하나님이 하늘의 별보다 그 자손이 더 많게 하겠다고 약속하셨지만 아브람과 사래 사이에는 자녀가 없었습니다. 사래는 아브람에게 자기의 여종 하갈을 첩으로 삼아서 자기의 아이를 낳게 해 달라고 요구했습니다.

> "아브람의 아내 사래는 출산하지 못하였고 그에게 한 여종이 있으니 애굽 사람이요 이름은 하갈이라 사래가 아브람에게 이르되 여호와께서 내 출산을 허락하지 아니하셨으니 원하건대 내 여종에게 들어가라 내가 혹 그로 말미암아 자녀를 얻을까 하노라 하매 아브람이 사래의 말을 들으니라 아브람의 아내 사래가 그 여종 애굽 사람 하갈을 데려다가 그 남편 아브람에게 첩으로 준 때는 아브람이 가나안 땅에 거주한 지 십 년 후였더라"(창세기 16:1-3)

- 갈등을 다루는 아브람의 태도는 어떠했습니까?

_____
_____

● 그런 태도가 결혼생활에 미치는 위협은 어떤 것일까요?

4. 사무엘상 20장 33절을 읽으십시오. 사울 왕의 아들 요나단은 다윗과 매우 친한 친구였습니다. 그런데 다윗은 사울 왕이 극도로 질투를 하던 대상이었습니다.

> "사울이 요나단에게 단창을 던져 죽이려 한지라 요나단이 그의 아버지가 다윗을 죽이기로 결심한 줄 알고"(사무엘상 20:33)

● 요나단과의 갈등을 다루는 사울의 태도는 어떠했습니까?

● 그러한 태도가 결혼생활에 미치는 위협은 어떤 것일까요?

5. 누가복음 10장 38절에서 42절을 읽으십시오.

> "그들이 길 갈 때에 예수께서 한 마을에 들어가시매 마르다라 이름 하는 한 여자가 자기 집으로 영접 하더라 그에게 마리아라 하는 동생이 있어 주의 발치에 앉아 그의 말씀을 듣더니 마르다는 준비하는 일이 많아 마음이 분주한지라 예수께 나아가 이르되 주여 내 동생이 나 혼자 일하게 두는 것을 생각하지 아니하시나이까 그를 명하사 나를 도와주라 하소서 주께서 대답하여 이르시되

> "마르다야 마르다야 네가 많은 일로 염려하고 근심하나 몇 가지만 하든지 혹은 한 가지만이라도 족하니라 마리아는 이 좋은 편을 택하였으니 빼앗기지 아니하리라 하시니라"(누가복음 10:38-42)

- 예수님은 이런 상황에서 갈등을 어떻게 다루셨습니까?

- 예수님처럼 갈등을 다루기 위해서는 무엇이 필요할까요?

'사랑으로 갈등을 직면하기' 위한 단계

'사랑'이라는 단어와 '직면'이라는 단어는 얼핏 보면 잘 어울리지 않는 것 같습니다. 하나의 단어는 다정하지만 하나의 단어는 대항하여 싸우기 위한 말입니다. 이러한 두 단어의 합성-사랑으로 직면하다-은 갈등을 해결하는 데 중요한 접근 방식을 제공해 줍니다. 사랑 가운데 갈등에 직면 한다는 것은 사랑과 진리가 균형 있게 조화를 이루는 상태인 것입니다.

1단계: 자신의 내면을 살펴보라

갈라디아서 6장 1절에서 2절 그리고 마태복음 7장 3절에서 5절까지를 읽으십시오.

> "형제들아 사람이 만일 무슨 범죄한 일이 드러나거든 신령한 너희는 온유한 심령으로 그러한 자를 바로잡고 너 자신을 살펴보아 너도 시험을 받을까 두려워하라 너희가 짐을 서로 지라 그리하여 그리스도의 법을 성취하라"(갈라디아서 6:1-2)
>
> "어찌하여 형제의 눈 속에 있는 티는 보고 네 눈 속에 있는 들보는 깨닫지 못하느냐 보라 네 눈 속에 들보가 있는데 어찌하여 형제에게 말하기를 나로 네 눈 속에 있는 티를 빼게 하라 하겠느냐 외식하는 자여 먼저 네 눈 속에서 들보를 빼어라 그 후에야 밝히 보고 형제의 눈 속에서 티를 빼리라"(마태복음 7:3-5)

6. 부부 사이에 갈등으로 인한 대립이 있을 때 자기 내면을 살펴보는 것이 왜 중요할까요? 자기 내면을 살펴보는 태도가 갈등 관계에서 어떤 역할을 하게 될까요?

2단계: 적절한 시간과 장소를 선택하라.

잠언 25장 11절을 읽으십시오.

> "경우에 합당한 말은 아로새긴 은 쟁반에 금 사과니라"(잠언 25:11)

7. 잠언 25장 11절은 '경우에 합당한 말'이라고 합니다. 서로에게 어려운 문제를 제기할 때에 당신의 배우자에게 대체적으로 적절한 시간이나 필요한 환경은 무엇입니까? 반대로 부적절한 시간이나 환경은 무엇입니까?

3단계: 사랑 안에서 진리를 말하라.

에베소서 4장 15절에서 16절 그리고 고린도전서 13장 4절에서 5절까지를 읽으십시오.

> "오직 사랑 안에서 참된 것을 하여 범사에 그에게까지 자랄지라 그는 머리니 곧 그리스도라 그에게서 온 몸이 각 마디를 통하여 도움을 받음으로 연결되고 결합되어 각 지체의 분량대로 역사하여 그 몸을 자라게 하며 사랑 안에서 스스로 세우느니라"(에베소서 4:15-16)
>
> "사랑은 오래 참고 사랑은 온유하며 시기하지 아니하며 사랑은 자랑하지 아니하며 교만하지 아니하며 무례히 행하지 아니하며 자기의 유익을 구하지 아니하며 성내지 아니하며 악한 것을 생각하지 아니하며"(고린도전서 13:4-5)

8. '사랑 안에서 진리를 말한다'는 것은 무슨 뜻일까요? 사랑이 없이 진리를 말하거나 진리가 없는 사랑일 경우에는 어떤 일이 벌어질까요?

9. 사랑이 없는 진리를 말하는 것과 진리가 없는 사랑을 하는 것 가운데 당신의 태도는 어디에 더 가깝습니까? 그렇게 생각하는 이유는 무엇입니까?

홈빌더 원리

관계의 성장을 위해 갈등을 직면할 때는
반드시 사랑을 가지고 진실을 말해야 한다.

부부 데이트

다음 모임 전까지 배우자와 함께 홈빌더 과제를 나누기 위한 데이트 시간을 정하십시오. 이 과제를 통해 깨달은 것이나 경험한 것 한 가지를 다음 시간에 나눌 것입니다.

날짜   시간

장소

홈빌더 과제

혼자 하는 과제

다음 질문에 답하십시오.
1. 이번 홈빌더 모임을 통해 당신이 받은 도전은 무엇입니까?

2. 최근에 배우자와의 관계에서 오해로 인한 갈등이 있었는지 돌아보고 그 때 당신이 어떻게 반응했는지 생각해 보십시오. 아래의 문항 가운데 가장 가까운 태도에 동그라미 하십시오.

- 상대를 이기기 위해 싸운다.
- 도피한다.
- 양보한다.
- 사랑하는 마음으로 직면한다.

이번에는 당신의 배우자가 반응한 방식에 대해 생각해 보십시오. 배우자가 보여준 태도에 가장 가깝다고 생각되는 것에 동그라미 하십시오.

3. 다음에 비슷한 상황이 또 생긴다면 당신은 어떻게 반응하겠습니까? 또 배우자의 태도는 어떻게 달라지기를 기대합니까?

4. 사랑하는 마음을 가지고 갈등을 직면하더라도 적절한 대화의 초점을 벗어나게 되면 서로 비난하다가 끝나기 쉽습니다. 아래의 항목 중 배우자와 갈등을 풀기 위해 대화할 때 자주 초점을 벗어나는 영역들에 표시를 해 보십시오.

_____ 한 번에 하나씩이 아니라 한꺼번에 여러 개의 문제를 꺼낸다.
_____ 문제 자체보다 사람에게 초점을 둔다.
_____ 현재 일어난 문제에 집중하기보다 과거 문제를 끄집어낸다.
_____ 문제에 대해 구체적으로 이야기하지 않고 뭉뚱그려서 일반화 한다.
_____ '나' 전달법 대신 '너' 전달법을 사용하여 비난하는 투로 말을 시작한다.(예 : "나는 오해를 받고 있다고 느껴져!" 대신에 "당신은 나를 전혀 이해하려고 하지 않아!"라고 한다.)
_____ 사실을 관찰하기 보다는 동기에 대해 의심한다.
_____ 감정을 표현하지 않고 상대방 행동에 대한 판단을 한다.
_____ 서로를 이해하기 위해 노력하기 보다는 누가 이기고 지는지에 더 집중한다.

5. 배우자와 갈등을 직면할 때 어떻게 하면 대화의 초점을 잃지 않을 수 있을까요?

홈빌더 과제

부부가 함께하는 과제

1. 아래의 각 상황에서 예상되는 당신의 자연스러운 반응에 대해 배우자와 이야기 해 보십시오. 두 사람의 대화가 즐거운 시간이 될 수 있도록 부드럽게 이야기를 나누십시오.

- 얼마 전 배우자의 속도위반 때문에 자동차 보험료가 인상되었다는 통보를 받았습니다. 그런데 당신의 배우자는 그런 사실을 말해 주지 않았습니다.

- 차를 타고 가다가 길을 잃어버렸는데 당신의 배우자는 정지해서 길을 물어보려고 하지 않고 계속 자기 생각대로 길을 찾고 있습니다.

- 당신은 아직 쓸 수 있다고 생각한 물건인데 배우자가 의논도 하지 않고 쓰레기통에 버렸고 당신이 우연히 그것을 보았습니다.

- 내일 아침 제출할 은행 서류를 배우자가 구청에서 발급받아 오기로 했는데 배우자가 깜빡 잊어 버렸습니다. 이미 구청 업무 시간은 끝났고 온라인 발급도 어렵습니다.

당신이 위의 사례들과 비슷한 상황에 처했을 때 당신이 자연스럽게 보였을 반응 대신 '사랑을 가지고 직면'하려면 어떻게 해야 할 것인지 서로 나누어 보십시오.

2. '혼자 하는 과제'에서 했던 다섯 가지 질문에 대한 답을 나누십시오.

3. 결혼생활에서 갈등을 다룰 때 사용할 수 있는 몇 가지 규칙을 두 사람이 합의하여 정하십시오.

4. 결혼생활에서 갈등을 직면하고 다룰 때 하나님께서 지혜를 주시기를 기도하면서 데이트를 마치십시오..

달력에 '부부 데이트'를 위한 날을 표시해두고 잊지 않도록 하십시오.

5과 용서하라

갈등 대신 평화로운 관계를 맺기 위해서는 남편과 아내가 서로를 용서해야 합니다.

부부데이트 나눔

4과의 부부데이트 홈빌더 과제를 하면서 배운 것 중 하나를 나누어주세요.

💕 마음 열기

다음 질문 중에서 한두 가지를 선택하여 답을 하고 그룹원들과 나누십시오.

● 어렸을 때 당신에게 용서에 관해 가장 많이 가르쳐준 사람은 누구입니까? 그분은 용서를 어떻게 당신에게 가르치셨나요?

● 자라오면서 당신이 "용서해주세요"라고 말해야만 했던 특별한 경우는 언제였습니까?

● 예수님 외에 용서를 보여주신 모델로 당신이 본받고 싶은 분은 누구입니까? 그 이유는 무엇입니까?

 청사진

용서의 중요성

어떤 사람을 용서한다는 것은, 그 사람이 진 빚을 탕감해 주는 것이며 그의 잘못을 용서하는 것이고, 그리고 당신의 원망과 분노를 내려놓는 것입니다.

1. 당신이 어떤 잘못을 했을 때 용서를 받은 경험을 생각해 보십시오. 용서 받기 전과 받은 후의 기분은 어떻게 달라졌습니까?

   _____
   _____

2. 가장 놀라운 용서의 예는 바로 우리를 용서하신 하나님입니다. 다음 성경구절에서는 하나님의 용서에 관해 무엇이라고 말씀하십니까?
   - 요한복음 3:16

   > "하나님이 세상을 이처럼 사랑하사 독생자를 주셨으니 이는 그를 믿는 자마다 멸망하지 않고 영생을 얻게 하려 하심이라"(요한복음 3:16)

   _____
   _____

● 에베소서 1:7

"우리는 그리스도 안에서 그의 은혜의 풍성함을 따라 그의 피로 말미암아 속량 곧 죄 사함을 받았느니라"(에베소서 1:7)

● 로마서 8:1

"그러므로 이제 그리스도 예수 안에 있는 자에게는 결코 정죄함이 없나니"(로마서 8:1)

● 골로새서 2:13

"또 범죄와 육체의 무할례로 죽었던 너희를 하나님이 그와 함께 살리시고 우리의 모든 죄를 사하시고"(골로새서 2:13)

3. 마태복음 6장 14절에서 15절과 마태복음 18장 21절에서 22절을 읽으십시오. 예수님은 용서에 대해 얼마나 중요하게 강조하십니까?

> "너희가 사람의 잘못을 용서하면 너희 하늘 아버지께서도 너희 잘못을 용서하시려니와 너희가 사람의 잘못을 용서하지 아니하면 너희 아버지께서도 너희 잘못을 용서하지 아니하시리라"(마태복음 6:14-15)
>
> "그 때에 베드로가 나아와 이르되 주여 형제가 내게 죄를 범하면 몇 번이나 용서하여 주리이까 일곱 번까지 하오리이까 예수께서 이르시되 네게 이르노니 일곱 번뿐 아니라 일곱 번을 일흔 번까지라도 할지니라"(마태복음 18:21-22)

홈빌더 원리

건강한 결혼생활을 유지하기 위해서는
하나님이 당신을 용서하신 것처럼 당신도 배우자를 용서해야 한다. .

용서를 구하라

4. 누가복음 15장 11절-24절을 읽으십시오. 방탕한 아들이 아버지의 용서를 구하기까지에는 어떤 단계를 거쳤습니까?

"또 이르시되 어떤 사람에게 두 아들이 있는데 그 둘째가 아버지에게 말하되 아버지여 재산 중에서 내게 돌아올 분깃을 내게 주소서 하는지라. 아버지가 그 살림을 각각 나눠 주었더니 그 후 며칠이 안 되어 둘째 아들이 재물을 다 모아 가지고 먼 나라에 가 거기서 허랑방탕하여 그 재산을 낭비하더니 다 없앤 후 그 나라에 크게 흉년이 들어 그가 비로소 궁핍한지라. 가서 그 나라 백성 중 한 사람에게 붙여 사니 그가 그를 들로 보내어 돼지를 치게 하였는데 그가 돼지 먹는 쥐엄 열매로 배를 채우고자 하되 주는 자가 없는지라. 이에 스스로 돌이켜 이르되 내 아버지에게는 양식이 풍족한 품꾼이 얼마나 많은가 나는 여기서 주려 죽는구나 내가 일어나 아버지께 가서 이르기를 아버지 내가 하늘과 아버지께 죄를 지었사오니 지금부터는 아버지의 아들이라 일컬음을 감당하지 못하겠나이다 나를 품꾼의 하나로 보소서 하리라 하고 이에 일어나서 아버지께로 돌아가니라. 아직도 거리가 먼데 아버지가 그를 보고 측은히 여겨 달려가 목을 안고 입을 맞추니 아들이 이르되 아버지 내가 하늘과 아버지께 죄를 지었사오니 지금부터는 아버지의 아들이라 일컬음을 감당하지 못하겠나이다 하나 아버지는 종들에게 이르되 제일 좋은 옷을 내어다가 입히고 손에 가락지를 끼우고 발에 신을 신기라 그리고 살진 송아지를 끌어다가 잡으라 우리가 먹고 즐기자 이 내 아들은 죽었다가 다시 살아났으며 내가 잃었다가 다시 얻었노라 하니 그들이 즐거워하더라"(누가복음 15:11-24)

5. 당신은 대개 배우자에게 용서를 구하는 것이 더 쉽습니까? 아니면 당신이 배우자를 용서하는 것이 더 쉽습니까? 그 이유는 무엇입니까?

6. 부부가 서로에게 용서를 구하는 것과 또 용서를 하는 것이 어려운 이유는 무엇입니까?

___

___

홈빌더 원리

배우자를 용서하면 당신의 마음이 자유로워져서
결혼생활에서 부부의 사랑과 하나됨을 경험할 수 있다.

용서하라

1단계: 복수 할 권리를 포기하라

에베소서 4장 20절에서 24절까지, 그리고 31절에서 32절까지를 읽으십시오.

"오직 너희는 그리스도를 그같이 배우지 아니하였느니라 진리가 예수 안에 있는 것 같이 너희가 참으로 그에게서 듣고 또한 그 안에서 가르침을 받았을진대 너희는 유혹의 욕심을 따라 썩어져 가는 구습을 따르는 옛 사람을 벗어 버리고 오직 너희의 심령이 새롭게 되어 하나님을 따라 의와 진리의 거룩함으로 지으심을 받은 새 사람을 입으라"(에베소서 4:20-24)

> 하나님의 성령을 근심하게 하지 말라 그 안에서 너희가 구원의 날까지 인치심을 받았느니라 너희는 모든 악독과 노함과 분냄과 떠드는 것과 비방하는 것을 모든 악의와 함께 버리고 서로 친절하게 하며 불쌍히 여기며 서로 용서하기를 하나님이 그리스도 안에서 너희를 용서하심과 같이 하라"(에베소서 4:31-32)

7. 이 성경구절은 우리가 과거에 생각하고 느끼던 방식을 어떻게 하라고 말씀하고 있습니까?

_____

_____

2단계: 성령의 다스리심에 자신을 맡기라.

로마서 8장 5절에서 6절까지, 그리고 12절에서 14절까지를 읽으십시오.

> "육신을 따르는 자는 육신의 일을, 영을 따르는 자는 영의 일을 생각하나니 육신의 생각은 사망이요 영의 생각은 생명과 평안이니라"(로마서 8:5-6)
>
> "그러므로 형제들아 우리가 빚진 자로되 육신에게 져서 육신대로 살 것이 아니니라 너희가 육신대로 살면 반드시 죽을 것이로되 영으로써 몸의 행실을 죽이면 살리니 무릇 하나님의 영으로 인도함을 받는 사람은 곧 하나님의 아들이라"(로마서 8:12-14)

8. 성령의 다스림 안에서 사는 것이 어떻게 당신이 배우자를 용서하는데 힘을 부어 줄 수 있습니까?

_____

_____

3단계: 과거에 집착하지 않기로 결단하라.

이사야서 43장 18절에서 19절을 읽으십시오.

> "너희는 이전 일을 기억하지 말며 옛날 일을 생각하지 말라 보라 내가 새 일을 행하리니 이제 나타낼 것이라 너희가 그것을 알지 못하겠느냐 반드시 내가 광야에 길을 사막에 강을 내리니"
> (이사야 43:18-19)

9. 이 말씀을 결혼생활에서 배우자를 용서하는 것에 어떻게 적용할 수 있습니까?

_____
_____

홈빌더 원리

용서할 수 있는 능력은 자신의 삶을 성령께 맡겨드릴 때
성령으로부터 나온다.

부부 데이트

다음 모임 전까지 배우자와 함께 홈빌더 과제를 나누기 위한 데이트 시간을 정하십시오. 이 과제를 통해 깨달은 것이나 경험한 것 한 가지를 다음 시간에 나눌 것입니다.

날짜 　　　　　　　　　시간

장소

홈빌더 과제

혼자 하는 과제

1. 이번 홈빌더 모임에서 배운 것 중 가장 의미 있었던 것은 무엇입니까?

2. 에베소서 4장 32절을 읽으십시오.

> "서로 친절하게 하며 불쌍히 여기며 서로 용서하기를 하나님이 그리스도 안에서 너희를 용서하심과 같이 하라"(에베소서 4:32)

당신은 다음과 같은 경우 '서로 용서하기를 하나님이 그리스도 안에서 너희를 용서하심과 같이 하라'는 말씀을 어떻게 적용하겠습니까?

- 과거에 당신의 배우자가 당신에게 잘못했던 일들이 생각날 때.

- 과거에 배우자가 당신에게 상처 주었던 일을 배우자에게 다시 들추어내고 싶을 때.

3. 다음의 문장을 완성하십시오.

- 내가 배우자를 용서하려고 할 때 가장 어려운 것은 _____ 입니다.

- 내가 배우자에게 용서를 구할 수 있도록 더 쉽게 만들어 주는 한 가지는 _____ 입니다.

4. 배우자의 용서를 받고 그 결과로 두 사람의 관계가 회복되었던 경우를 한 가지 생각해 보십시오.

5. 하나님께서 그분의 아들인 예수님을 통해 당신을 용서하셨다는 사실을 받아들였습니까? 죄 용서에 대한 확신이 없다면, 이 책의 뒤에 있는 〈우리의 문제에 대한 하나님의 답변〉을 읽으십시오.

6. 당신이 배우자에게 용서를 구해야 할 것이 있다면 무엇입니까?

7. 하나님의 완전하신 용서에 대한 감사와, 성령을 따라 살 수 있도록 그분의 도움을 구하는 기도를 드리십시오. 또한 배우자와의 관계에서 용서하고 용서받는 일에 겸손할 수 있도록 기도 하십시오.

홈빌더 과제

부부가 함께하는 과제

1. 다음과 같은 가벼운 질문을 가지고 함께 나누십시오.

   - 배우자가 화해를 하려고 할 때 주로 하는 행동은 무엇입니까?

   - 앞으로 배우자와 화해를 시도하려고 할 때 사용할 수 있는 창조적인 아이디어 몇 가지를 생각해 보십시오.

2. '혼자 하는 과제' 1번~5번 질문에 대한 답변을 함께 나누십시오.

3. 서로가 조금 더 쉽게 잘못을 인정하고 용서를 구할 수 있기 위해 할 수 있는 방법이 무엇인지 나누십시오.

4. '혼자 하는 과제' 6번 질문에 대한 답을 함께 나누십시오.

5. 예수 그리스도 안에서 하나님께서 당신을 용서하신 것처럼 서로를 용서할 수 있는 능력을 주시는 하나님의 은혜와 성령의 도우심에 감사하는 기도를 드리십시오.

달력에 '부부 데이트'를 위한 날을 표시해두고 잊지 않도록 하십시오.

6과 축복하라

사람들은 상처를 받으면 화를 내는 것이 자연스러운 반응입니다. 그러나 하나님은 이러한 자연스러운 반응 대신 초자연적인 반응을 할 수 있도록 우리를 도우시겠다고 약속하십니다.

부부데이트 나눔

5과의 부부데이트 홈빌더 과제를 하면서 배운 것 중 하나를 나누어 주세요.

 마음 열기

상처와 축복

지난 한 주간을 돌아보십시오. 다른 사람들이 당신에게 한 무례한 행동이나 말 때문에 상처를 받은 것이 있다면 한 가지만 나누어 주십시오.

이번에는 당신의 기분을 좋게 해 주었던 긍정적인 축복의 말을 생각해 보십시오. 그리고 당신이 들었던 그 말을 가지고 당신의 배우자를 축복하는 문장을 만들고 그것을 배우자에게 나누십시오.

부부가 서로 나눈 후 그룹원들과 함께 다음 질문을 나누십시오.

- 상처가 된 말과 축복의 말 가운데 어떤 것이 먼저 쉽게 떠오릅니까? 왜 그럴까요?

- 배우자에게서 축복의 말을 들었을 때 기분은 어떠했습니까?

 청사진

결혼생활에서 서로 실망하고 상처를 주고받는 것은 모든 부부에게 있는 일입니다. 중요한 것은 그런 상황에서 우리가 어떤 반응을 할 것인지를 선택하는 것입니다. 우리에게는 두 가지 선택이 가능합니다. 상처에 상처로 맞서거나 아니면 상처를 축복으로 바꾸는 것입니다.

상처를 상처로 갚지 말라

1. 베드로전서 3장 8절에서 9절을 읽으십시오.

> "마지막으로 말하노니 너희가 다 마음을 같이하여 동정하며 형제를 사랑하며 불쌍히 여기며 겸손하며 악을 악으로, 욕을 욕으로 갚지 말고 도리어 복을 빌라 이를 위하여 너희가 부르심을 받았으니 이는 복을 이어받게 하려 하심이라"(베드로전서 3:8-9)

"악을 악으로, 욕을 욕으로 갚는다"라는 것은 무엇을 의미합니까? 그것은 부부관계에서는 어떤 모습으로 나타나겠습니까?

_____

_____

2. 베드로전서 2장 21절에서 23절을 읽으십시오. 예수님은 모욕을 받으실 때 어떻게 반응하셨습니까? 우리는 얼마나 예수님을 본받아야 합니까?

> "이를 위하여 너희가 부르심을 받았으니 그리스도도 너희를 위하여 고난을 받으사 너희에게 본을 끼쳐 그 자취를 따라오게 하려 하셨느니라 그는 죄를 범하지 아니하시고 그 입에 거짓도 없으시며 욕을 당하시되 맞대어 욕하지 아니하시고 고난을 당하시되 위협하지 아니하시고 오직 공의로 심판하시는 이에게 부탁하시며"(베드로전서 2:21-23)

3. 당신은 주로 어떤 상황이나 환경에서 "욕에는 욕으로"라는 반응을 하게 됩니까?

상처를 축복으로 갚으라

4. 베드로전서 3장 8절에서 9절을 다시 읽으십시오. 그리고 누가복음 6장 27절에서 28절을 읽으십시오. 축복한다는 것이 구체적으로 의미하는 것은 무엇입니까?

> "마지막으로 말하노니 너희가 다 마음을 같이하여 동정하며 형제를 사랑하며 불쌍히 여기며 겸손하며 악을 악으로, 욕을 욕으로 갚지 말고 도리어 복을 빌라 이를 위하여 너희가 부르심을 받았으니 이는 복을 이어받게 하려 하심이라"(베드로전서 3:8-9)
>
> "그러나 너희 듣는 자에게 내가 이르노니 너희 원수를 사랑하며 너희를 미워하는 자를 선대하며 너희를 저주하는 자를 위하여 축복하며 너희를 모욕하는 자를 위하여 기도하라"(누가복음 6:27-28)

5. 상처를 받은 후 상처를 준 사람을 축복하는 것이 어려운 이유는 무엇일까요?

   ....

   ....

6. 받은 상처를 축복으로 돌려줄 수 있는 실제적인 방법들은 무엇입니까?

   ....

   ....

홈빌더 원리

받은 상처를 축복으로 돌려주는 행위는
결혼생활에서 이기심의 굴레를 벗어나게 돕는다.

상처의 관계와 축복의 관계 비교

'상처에는 상처로'의 관계	'상처를 축복으로'의 관계
1. 일반적인 관점	1. 하나님의 관점
2. 이기심과 상황에 기초함	2. 하나님의 말씀과 보이지 않는 것에 기초함.
3. 결과: 앙갚음, 분노, 관계의 벽	3. 결과: 목적이 있는 행동, 투명성
4. 반작용적 반응: 감정 중심, 자연적인 충동에 따름.	4. 호응적 반응: 하나님 중심, 초자연적인 대응
5. 태도: 흠집 잡기, 평가 절하, 상대방의 감정을 더욱 격발시킴,	5. 태도: 세워주기, 인정함, 상대방의 고백을 불러일으킴, 경건함, 축복.

축복의 관계

베드로전서 3장 10절에서 11절을 읽으십시오. 이 말씀은 축복의 관계를 세우기 위한 3가지의 간단한 단계를 설명하고 있습니다.

> "그러므로 생명을 사랑하고 좋은 날 보기를 원하는 자는 혀를 금하여 악한 말을 그치며 그 입술로 거짓을 말하지 말고 악에서 떠나 선을 행하고 화평을 구하며 그것을 따르라"(베드로전서 3:10)

1단계: 자신의 입이 악한 말을 하지 않도록 단속하라

7. 축복의 관계를 세우는데 자신의 입을 조심하는 것이 중요한 이유는 무엇입니까?

2단계: 악을 멀리하고 선을 행하라

8. 당신은 어떻게 악으로부터 떠날 수 있습니까? 악에서 떠나는 것이 갈등해결에 어떤 효과를 줄 수 있을까요?

3단계: 평화를 추구하라

9. 빌립보서 2장 3절에서 8절을 읽으십시오.

> "아무 일에든지 다툼이나 허영으로 하지 말고 오직 겸손한 마음으로 각각 자기보다 남을 낫게 여기고 각각 자기 일을 돌볼뿐더러 또한 각각 다른 사람들의 일을 돌보아 나의 기쁨을 충만하게 하라 너희 안에 이 마음을 품으라 곧 그리스도 예수의 마음이니 그는 근본 하나님의 본체시나 하나님과 동등됨을 취할 것으로 여기지 아니하시고 오히려 자기를 비워 종의 형체를 가지사 사람들과 같이 되셨고 사람의 모양으로 나타나사 자기를 낮추시고 죽기까지 복종하셨으니 곧 십자가에 죽으심이라"(빌립보서 2:3-8)

다른 사람을 축복하는 것은 자신 보다 그 사람을 더 중요하게 생각하는 것이 포함됩니다. 부부관계에서 자신이 원하는 것보다 배우자가 원하는 것을 더 중요하게 생각해서 서로를 축복했던 경험이 있다면 나누어 주십시오.

홈빌더 모임을 마치면서

이번 전체 홈빌더 모임이 당신의 결혼생활에 어떤 영향을 주었는지 다음의 질문들을 통해 생각해 보십시오.

- 이번 홈빌더 모임에 참석했을 때 어떤 생각과 기대를 가지고 있었습니까? 그 생각과 기대는 지금 어떻게 바뀌었습니까?
- 홈빌더 모임이 당신의 결혼생활에 실제적으로 도움이 되었던 것은 무엇입니까?
- 홈빌더 모임을 통해 배우자에 관하여 새롭게 알게 된 것은 무엇입니까?
- 홈빌더 모임에서 가장 좋았던 것은 무엇입니까?

부부 데이트

마지막 홈빌더 과제를 수행하기 위해 부부데이트 시간을 정하십시오.

날짜   시간

장소

홈빌더 과제

혼자 하는 과제

다음 질문에 답하십시오.

1. 이번 홈빌더 모임에서 당신이 배운 원리들은 당신의 결혼생활에서 생기는 갈등을 해결하는 데에 어떻게 도움이 되었습니까??

2. 앞으로 더 연습하거나 강조해야겠다고 생각되는 원리들이 있다면 무엇입니까?

3. 사람들은 일반적으로 모욕으로 인한 상처를 받게 되면 스스로 위축되거나 또는 공격적이 됩니다. 당신은 그런 상황에서 얼마나 위축되거나 공격적이 되는지 그 정도를 아래의 도표에 표시해 보십시오.

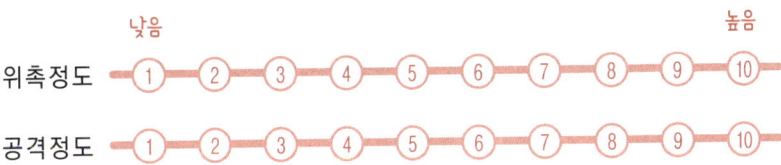

4. 당신의 배우자는 어떤 반응을 보일 것 같습니까?

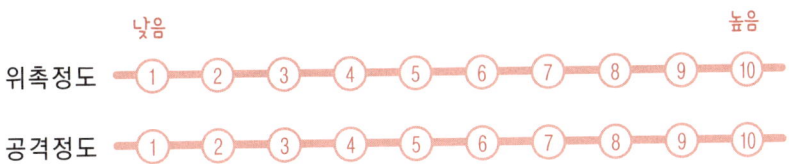

홈빌더 과제

5. 다음과 같이 도표를 만들어 자신과 자신의 반응에 대해 더 잘 살펴봅시다.

- 당신은 어떤 상황일 때 배우자에게 반발하는 경향이 있습니까? 첫 번째 칸에는 그런 상황들을 적어보십시오.
- 두 번째 칸에는 각 상황에 대한 자신의 일반적인 반응을 적으십시오.
- 세 번째 칸에는 각 상황에 의해 유발되는 문제의 심각성을 높음, 중간, 낮음으로 순위를 매겨보십시오.
- 네 번째 칸에는 그 상황에 어떻게 반응하는 것이 좋을지에 대해 적어 보십시오.

상황	일반적인 반응	문제의 크기	개선된 대응

6. 결혼생활에서 "화평을 찾아 따를지어다"(시편 34:14)라는 시편의 말씀을 지키기 위해 당신이 할 수 있는 일은 무엇입니까?

홈빌더 과제

부부가 함께하는 과제

1. '혼자 하는 과제'에서 했던 질문에 대한 각자의 답변을 배우자와 함께 나누십시오.

2. 베드로전서 2장 23절을 읽으십시오. "오직 공의로 심판하시는 이에게 부탁하시며"라는 말씀은 어떤 의미일까요? 갈등을 해결하는 과정에서 이 말씀이 중요한 이유는 무엇일까요?

> "욕을 당하시되 맞대어 욕하지 아니하시고 고난을 당하시되 위협하지 아니하시고 오직 공의로 심판하시는 이에게 부탁하시며"(베드로전서 2:23)

3. 부부관계를 지속적으로 잘 세워갈 수 있기 위하여 당신이 할 수 있는 일에는 어떤 것이 있는지 서로 나누어 보십시오. 예를 들어 홈빌더 과제를 해 왔던 것처럼 정기적으로 부부가 두 사람의 데이트 시간을 따로 떼어 놓거나 다른 부부들과 또 다른 홈빌더 모임을 하는 것도 좋은 방법입니다.

4. 두 사람의 관계에서 상처를 축복으로 바꿀 수 있는 지혜를 주시도록 하나님께 함께 기도 드리면서 데이트를 마치십시오.

달력에 '부부 데이트'를 위한 날을 표시해두고 잊지 않도록 하십시오.

이제 어떻게 할 것인가?

우리는 당신이 홈빌더 부부 시리즈를 통해 배우자와 함께 자신의 삶을 예수 그리스도에게 헌신하면서 그분의 청사진에 따라 계속해서 성장하기를 바랍니다. 또한 당신이 섬기는 교회와 지역 공동체의 다른 부부들도 마찬가지로 부부관계가 견고히 서가도록 도움을 주기 바랍니다. 지금 당신의 영향력이 필요합니다.
이 점에서 아주 잘 맞는 예화가 하나 있습니다.

2차 세계대전 중이었던 1940년, 프랑스 군은 히틀러의 침공으로 무너지고 말았고, 네덜란드는 나치의 기세에 눌려 힘없이 백기를 들고 말았다. 벨기에도 항복했고, 영국군은 됭케르크(Dunkirk) 해협 안에 있는 프랑스 해안에 갇히고 말았다.
220,000명이나 되는 영국의 아름다운 청년들이 영국 해협을 그들의 붉은 피로 물들이며 죽을 운명에 처해 있었다. 프랑스 해안에서 겨우 몇 마일 떨어져 있던 독일 총통의 군대도 그들이 사실 얼마나 승리에 가까이 와있는지는 미처 모르고 있었다. 남아있는 시간에 구조를 요청하는 시도는 헛되어 보였다. 한 영국 해군(전문가들)은 조지 6세에게 자신들이 기껏해야 17,000명 정도나 구할 수 있을 것이라고 보고했다. 서민원(영국 하원)에게는 '비극적인 소식'에 대한 마음의 준비를 하라는 경고가 주어졌다.
정치인들은 두려움에 얼어붙었고, 왕은 무력했다. 게다가 우방국들은 멀리서 구경꾼으로 지켜볼 수밖에 없었다. 영국군의 불행한 최후가 임박한 듯이 보였을 그때, 낯선 함대가 영국 해협의 수평선 위에 나타났다. 아마 역사상 가장 형편없는 함대였을 것이다. 저인망어선, 예인선, 평저선, 어선, 구명보트, 낚싯배, 소형 어선, 연안 연락선, 범선, 심지어 런던의 소방 선박들까지 그렇게 모여든 배들에 타고 있는 군인들은 주로 민간 자원병들로, 지쳐 피를 흘리고 있는 아들들을 구하러 온 영국의 아버지들이었다.

윌리엄 맨체스터는 1940년 됭케르크에서 있었던 일은 마치 기적과도 같았다고 그의 서사적 소설, 『마지막 사자』(The Last Lion)에서 썼다. 그리고 정말 기적처럼 영국군뿐만 아니라 118,000명의 다른 연합군들도 모두 구출되었다.

오늘날 그리스도인의 가정이 바로 됭케르크에 있는 그 군인들과 흡사합니다. 많은 문제와 어려움 속에서 옴짝달싹하지 못하며 사기가 꺾여 누군가의 도움이 절실히 필요합니다. 그리스도인 공동체는 영국군대와 같은 처지일지도 모르겠습니다. 어떤 전문가들이 와서 자신의 가족을 구해주길 기다리고 있는 것처럼 보입니다. 하지만 문제는 전문가들만이 나서서 해결하기에는 너무 거대합니다.

그 지치고 상처 입은 가정을 구하기 위해서는 모든 사람들이 '항해'에 나서야 하는 전면적인 도움을 필요로 합니다. 능력의 하나님을 믿는 신앙을 가진 평범한 부부가 펼칠 도움의 손길이 필요합니다. 교회 안에 있는 부부는 너무나 오랫동안 다른 사람에게 영향을 주는 특권과 책임에 있어 전임 사역자의 사역에 기대어왔습니다. 이제 우리는 당신이 자신의 삶을 다른 사람에게 투자하기를, 그리하여 구조 작업에 동참하기를 독려합니다. 당신과 함께 세계 여러 곳의 부부들은 팀을 이루어 수천 쌍의 부부들과 그 가정을 세우고, 뿐만 아니라 자신의 부부관계와 가정도 계속해서 성장할 수 있습니다.

홈빌더가 되십시오

오늘 당신이 가정 안에서 변화를 가져올 수 있는 몇 가지 실질적인 방법들이 여기 있습니다.

- 3-5쌍의 부부 모임을 조직하여 그들이 이 홈빌더 시리즈를 함께할 수 있도록 인도한다. 교회나 이웃의 다른 부부들이 또 다른 홈빌더 모임을 만들 수 있도록 격려한다.

- 홈빌더 부부 시리즈의 다른 교재로 홈빌더 모임을 지속하고 계속적으로 성장한다.
- 이웃을 가정에 초대하여 식사를 하면서 부부의 신앙을 나눈다. 상황이 허락된다면, 선교를 위한 교재의 하나로 기독교 영화를 함께 볼 수 있다.
- cccFamilyLife를 비롯하여 가정사역을 하는 단체를 통해 훈련을 받고 자원봉사자로 섬길 수 있다.

우리의 문제에 대한 하나님의 답변

문제가 없는 부부는 없습니다. 의사소통의 문제거나 재정 문제이거나 성적인 친밀감의 어려움이거나, 모든 부부가 한두 가지의 문제는 다 가지고 있습니다. 부부의 사랑이 더욱 강해지도록 발전시키는 데에 중요한 것은 그런 문제들을 어떻게 다룰지를 배우는 것입니다.

큰 문제

하나의 기본적인 문제가 부부의 모든 다른 문제들의 중심에 있으며, 그것은 어떤 사람이 자신의 힘으로 다루기에는 너무 거대합니다. 그 문제는 바로 하나님과의 분리입니다. 자신의 인생과 결혼생활을 창조주의 설계대로 경험하고 싶다면, 당신을 창조하신 그 하나님과의 역동적인 관계가 필요합니다.

하지만 우리는 죄로 인해 하나님으로부터 떨어져 있습니다. 어떤 사람들은 더 나은 사람이 되기 위해 열심히 노력해서 죄의 문제를 해결하려 합니다. 그들은 화를 다스리는 방법에 관한 책을 읽거나, 탈세를 그만두겠다는 결심을 할 수도 있습니다.

하지만 마음속으로 그들은 알고 있습니다. 사실 우리 모두가 알지요. 죄의 문제는 나쁜 버릇 이상으로 뿌리가 깊게 박혀있으며, 그 버릇을 고쳐보려는 최선의 행위 그 이상의 노력이 필요하다는 것을 말입니다. 실제 우리는 하나님에게 반역하였습니다. 우리는 그분을 무시하였고 우리가 생각하기에 옳다고 생각하는 방식대로 살기로 했으며, 우리의 생각과 계획이 그분의 것보다 좋다고 여겼습니다.

"모든 사람이 죄를 범하였으매 하나님의 영광에 이르지 못하더니"(로마서 3:23).

"하나님의 영광에 이르지 못하더니"가 무슨 뜻일까요? 그것은 우리 중 그 어느 누구도 우리가 해야 할 마땅한 방식으로 하나님을 신뢰하고 귀히 여기지 않았다는 뜻입니다. 우리는 다른 것들로 자신을 만족시키려 했으며 그것들을 하나님보다 더 귀중하게 여겼습니다. 나 자신의 방식대로 살았습니다. 성경에 따르면, 우리는 우리 죄에 대한 값을 지불해야 마땅합니다. 하지만 우리가 선택한 방법대로는 하나님의 선한 목적을 이룰 수 없어 그저 하나님도 눈감아주실 것이라 바랄 뿐입니다. 자신의 계획을 따른다면 파멸로 이르게 됩니다.

"어떤 길은 사람이 보기에 바르나 필경은 사망의 길이니라"(잠언 14:12).

"죄의 삯은 사망이요"(로마서 6:23).

우리는 하나님의 사랑에서 분리되는 죗값을 치르게 됩니다. 하나님은 거룩하시고, 우리는 죄로 가득합니다. 아무리 노력해도 우리는 선한 삶을 산다거나 성경 말씀대로 행할 방법을 알지 못한 채, 그 죗값을 회피할 수 있기만을 바라고 있습니다.

죄에 대한 하나님의 해결책

감사하게도 하나님은 우리의 딜레마를 해결할 방법을 가지고 계십니다. 그분은 그의 아들 예수 그리스도를 이 땅에 사람으로 보내셨습니다. 예수님은 하나님의 계획에 완벽하게 순종하여 거룩한 삶을 사셨습니다. 예수님은 또 우리의 죄에 대한 값을 치르기 위해 십자가에서 죽는 삶을 기꺼이 선택하셨습니다. 예수님은 죽은 자 가운데서 부활하셔서 자신이 죄나 사망보다 더 능력 있으신 분임을 증명하셨습니다. 단 한 분 예수님만이 우리 죄에 대한 값을 뛰어넘는 힘을 가지고 있습니다.

"예수께서 이르시되 내가 곧 길이요 진리요 생명이니 나로 말미암지 않고는 아버지께로 올 자가 없느니라"(요한복음 14:6).

"우리가 아직 죄인 되었을 때에 그리스도께서 우리를 위하여 죽으심으로 하나님께서 우리에 대한 자기의 사랑을 확증하셨느니라"(로마서 5:8).

"죄의 삯은 사망이요 하나님의 은사는 그리스도 예수 우리 주 안에 있는 영생이니라"(로마서 6:23).

예수님의 죽으심과 다시 사심으로 우리 죄의 문제는 해결되었습니다. 그분은 하나님과 우리 사이에 벌어진 간격에 다리가 되어주셨습니다. 그분은 우리가 그분에게로 오도록 그리고 우리의 생명을 위해 불완전한 우리의 계획은 포기하라고 요청하고 계십니다. 그분은 우리가 그분을 신뢰하고 그분의 계획을 따르기를 원하십니다.

하나님의 해결책을 받아들이십시오

만약 당신이 하나님으로부터 분리되어있다는 사실을 깨달았다면, 하나님께서 당신이 자기 죄를 고백하도록 부르시는 것입니다. 우리 모두는 그분의 것이 아닌 우리의 생각과 계획을 고집스럽게 더 좋아했기 때문에 우리 인생을 엉망으로 만든 것입니다. 그 결과 우리는 하나님의 사랑과 보호로부터 떨어지게 되어도 마땅하게 되었던 것입니다. 하지만 하나님은 우리가 그분의 계획에 반역하였다는 사실을 인정하기만 한다면, 우리를 용서하시고 우리의 죄 문제를 고쳐주시겠다고 약속하셨습니다.

"영접하는 자 곧 그 이름을 믿는 자들에게는 하나님의 자녀가 되는 권세를 주셨으니"(요한복음 1:12).

"너희는 그 은혜에 의하여 믿음으로 말미암아 구원을 받았으니 이것은 너희에게서 난 것이 아니요 하나님의 선물이라 행위에서 난 것이 아니니 이는 누구든지 자랑하지 못하게 함이라"(에베소서 2:8-9).

성경에 나오는 그리스도를 영접한다는 말씀의 뜻은 우리가 자신이 죄인임을, 그리고 혼자 힘으로는 그 문제를 해결할 수 없음을 인정한다는 것입니다. 그것은 우리가 자신의 죄에서 돌아선다는 의미이며, 그리스도께서 우리 죄를 용서하시고 우리를 그분이 원하시는 사람으로 만들어주실 것을 믿는다는 의미입니다. 그리스도가 하나님의 아들임을 머리로 이해하는 것으로는 충분치 않습니다. 그분을 신뢰하고, 믿음으로 우리 인생에 대한 그분의 계획을 신뢰해야 합니다.

당신과 하나님의 관계는 올바르게 되어있습니까? 당신은 삶의 중심에 그분 그리고 그분의 계획을 가지고 있습니까? 혹시 자신의 방식을 찾다가 인생이 엇나가고 있지는 않습니까?

그동안 자신의 방식대로 노력해왔다 하더라도, 오늘 당신은 바꾸겠다고 결심할 수 있습니다. 그리스도께로 돌아가 그분이 당신의 인생을 변화시키도록 맡겨드릴 수 있습니다. 당신은 그저 그분에게 머리와 마음에서 일어나고 있는 것들을 말하면 됩니다. 한 번도 그렇게 해본 적이 없다면, 여기 아래에 적힌 단계를 그대로 따라 해 보십시오.

- 당신은 자신에게 하나님이 필요하다는 사실에 동의합니까? 그렇다면 하나님께 그렇다고 말씀드리십시오.
- 자기 자신의 계획대로 살다가 삶이 엉키게 되었습니까? 그렇다면 하나님께 그렇다고 말씀드리십시오.
- 하나님이 당신을 용서하시길 원하십니까? 그렇다면 하나님께 그렇다고 말씀드리십시오.
- 예수님이 십자가에서 죽으시고 죽은 자 가운데서 부활하셨기 때문에 당신의 죄 문제를 해결하시고 당신에게 영생이라는 선물을 그저 주실 권세가 그분에게 있다는 사실을 믿습니까? 그렇다면 하나님께 그렇다고 말씀드리십시오.
- 인생을 향한 하나님의 계획이 당신이 생각해낸 어떤 계획보다 더 탁월하다는 사실을 인정할 준비가 되었습니까? 그렇다면 하나님께 그렇다고 말씀드리십시오.
- 하나님이 당신 인생의 주인이 되실 권리를 갖고 계심에 동의합니까? 그렇다면 하나님께 그렇다고 말씀드리십시오.

"너희는 여호와를 만날 만한 때에 찾으라 가까이 계실 때에 그를 부르라"(이사야 55:6).

이제 이렇게 기도하십시오.

주 예수님, 나는 당신이 필요합니다. 십자가에서 죽으심으로 내 죄를 대속하여주셔서 감사합니다. 나는 당신을 나의 구주로 받아들입니다. 나의 죄를 용서하시고 영생을 주시니 감사합니다. 나를 주님이 원하시는 사람으로 만들어주세요.

그리스도인의 삶

그리스도의 제자(그리스도인)에게 죗값은 이미 완전히 지불되었습니다. 하지만 죄의 영향력은 우리 인생 내내 지속됩니다.

"만일 우리가 죄가 없다고 말하면 스스로 속이고 또 진리가 우리 속에 있지 아니할 것이요"(요한일서 1:8).

"내가 원하는 바 선은 행하지 아니하고 도리어 원하지 아니하는 바 악을 행하는도다"(로마서 7:19).

죄의 영향은 가정에서도 이어집니다. 그리스도인 부부가 아무리 하나님을 경외하는 견고한 부부관계를 유지하려고 노력한다 해도 그렇습니다. 대부분 부부들은 결국에는 자신들의 힘으로는 되지 않는다는 것을 깨닫습니다. 하지만 하나님의 도우심이 있으면 성공할 수 있습니다.
더 많은 것들을 알고 싶다면, kccc.org 또는 cccfamilylife.org에서 더 많은 다른 자료를 찾아보십시오.

MEMO

MEMO

cccFamilyLife 홈빌더 전략

cccFamilyLife는 1993년 시작되어 성경적 결혼과 가정문화를 세우기 위하여 다양한 세미나와 홈빌더 모임을 확산해가고 있습니다. 가정 사역에서 일회성 세미나가 가지고 있는 부족한 부분을 보완하기 위해 부부 성경공부 교재인 '홈빌더 시리즈'를 개발하여 부부들이 지속적으로 함께 공부하고 그것을 결혼생활과 자녀양육에 적용할 수 있도록 하는 '홈빌더 전략'을 실행하고 있습니다.

Homebuilder

홈빌더
결혼에 대한 성경적 청사진을 자신과 다른 가정에 적용하는 사람들

홈빌더 전략의 특징
- 결혼생활의 지속적인 육성이 가능한 교재와 전략을 가지고 있음
- 부부들이 실제적인 필요를 구체적으로 적용하게 함
- 효과적인 육성과 전도의 통로가 되어 교회 성장을 도움
- 교회나 소그룹에서 쉽게 활용할 수 있음

홈빌더의 장점
시작하기 쉽다. 성취하기 쉽다. 전수하기 쉽다. 관리하기 쉽다.

홈빌더 전략

세미나
- 데이팅세미나
- 결혼예비학교
- 부부 세미나
- 자녀 양육 세미나

홈빌더 순
- 부부의 친밀함 성장
- 부부가 서로 지지하고 격려받을 수 있는 기회
- 자녀 양육의 지혜를 배움
- 다른 부부와의 교제 및 전도의 기회

Direction

홈빌더를 통한 지상명령 성취
"가정마다 홈빌더를 세워 그리스도의 계절이 오게 하자."

서울시 종로구 부암동 36-1 cccFamilyLife
Tel : 02-397-6384 www.cccfamilylife.org www.facebook.com / cccfamilylife